De _____

$Para$ _____

Tarcila Tommasi, fsp

Viver com Jesus

Paulinas

Parabéns! Hoje é sua festa.

Sua primeira Eucaristia é o início de uma vida cristã muito abençoada pela presença de Jesus em seu coração.

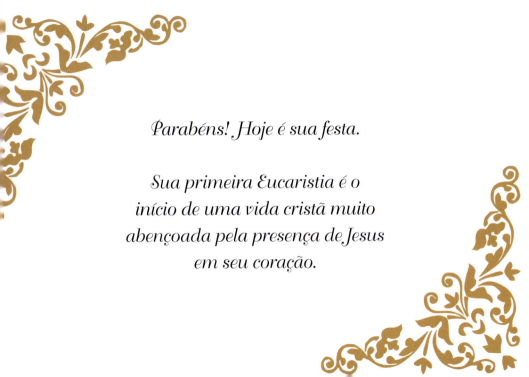

*Alegre-se e agradeça.
Ao receber Jesus na Eucaristia,
ele assumiu a sua história
e a transformou
em história de salvação.*

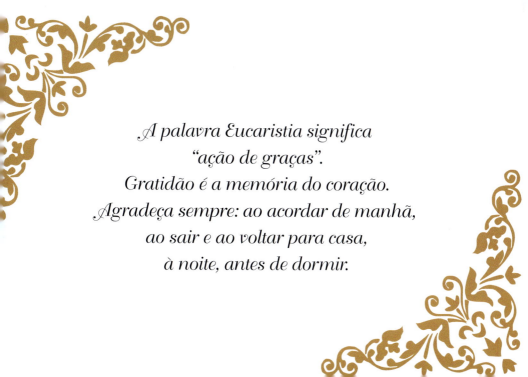

A palavra Eucaristia significa "ação de graças". Gratidão é a memória do coração. Agradeça sempre: ao acordar de manhã, ao sair e ao voltar para casa, à noite, antes de dormir.

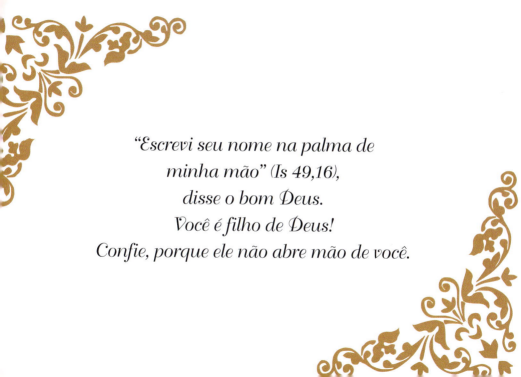

"Escrevi seu nome na palma de minha mão" (Is 49,16),
disse o bom Deus.
Você é filho de Deus!
Confie, porque ele não abre mão de você.

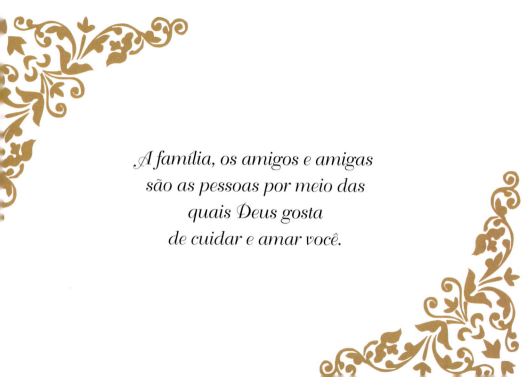

*A família, os amigos e amigas
são as pessoas por meio das
quais Deus gosta
de cuidar e amar você.*

PSALM 42

To the chief Musician, Maschil, for the sons of Korah.

5 As the hart panteth after the water brooks, so panteth my soul after thee, O God.

2 My soul thirsteth for God, for the living God: when shall I come and appear before God?

3 My tears have been my meat day and night, while they continually say unto me, Where is thy God?

4 When I remember these things, I pour out my soul in me: for I had gone with the multitude, I went with them to the house of God, with the voice of joy and praise, with a multitude that kept holyday.

5 Why art thou cast down, O my soul? and why art thou disquieted in me? hope thou in God: for I shall yet praise him for the help of his countenance.

6 O my God, my soul is cast down within me: therefore will I remember thee from the land of Jordan, and of the Her'mon-ites, from the hill Mi'zar.

7 Deep calleth unto deep at the noise of thy waterspouts: all thy

---

PSALM 45

To the chief Musician upon Shoshannim, for the sons of Korah, Maschil, A Song of loves.

MY heart is inditing a good matter: I speak of the things which I have made touching the king: my tongue is the pen of a ready writer.

2 Thou art fairer than the children of men: grace is poured into thy lips: therefore God hath blessed thee for ever.

3 Gird thy sword upon thy thigh, O most mighty, with thy glory and thy majesty.

4 And in thy majesty ride prosperously because of truth and meekness and righteousness; and thy right hand shall teach thee terrible things.

5 Thine arrows are sharp in the heart of the king's enemies; whereby the people fall under thee.

6 Thy throne, O God, is for ever and ever: the sceptre of thy kingdom is a right sceptre.

7 Thou lovest righteousness, and hatest wickedness: therefore God,

Rezar é falar com Deus,
escutá-lo,
acolher sua Palavra,
suas inspirações,
e assim se dispor
a fazer sua vontade.

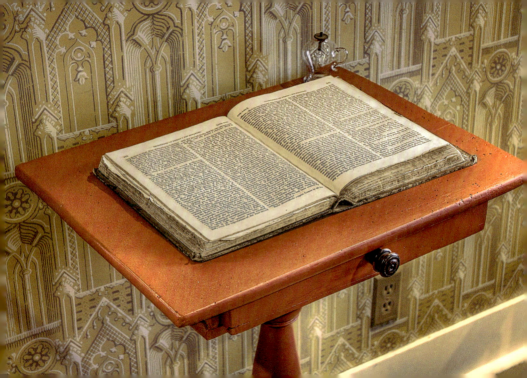

*No Evangelho, Jesus se identifica com:
o **caminho** certo que leva a Deus,
a **verdade** que salva do erro,
a **vida** plena que só traz alegria.*

*Você quer ser feliz?
Faça o bem a todos,
começando por seus familiares.
O que há de mais importante
em sua casa são as pessoas.*

*A cada comunhão,
você acolhe Jesus que,
sob os sinais do pão e do vinho,
lhe dá vida nova.*

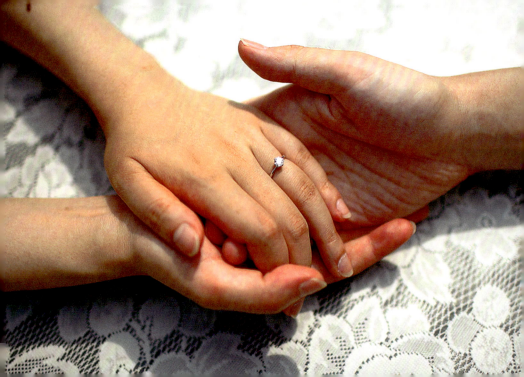

*"Este é o meu mandamento:
Amai-vos uns aos outros,
assim como eu vos amei"
(Jo 15,12).*

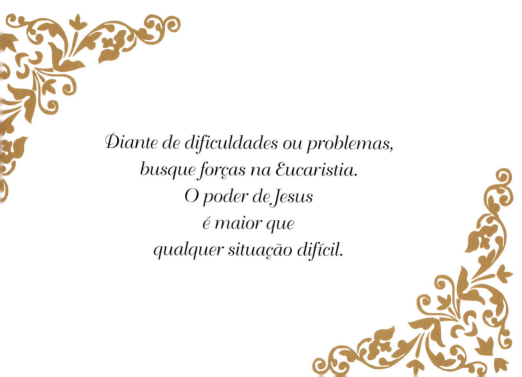

*Diante de dificuldades ou problemas,
busque forças na Eucaristia.
O poder de Jesus
é maior que
qualquer situação difícil.*

*Ao receber a Eucaristia,
Jesus escolhe você
para morar em seu coração
e acompanhar seus passos.*

– *Senhor Jesus, na Eucaristia*
não vejo vossa divindade,
nem mesmo vossa humanidade,
mas creio na vossa presença total.
Aumentai minha fé na vossa Palavra...

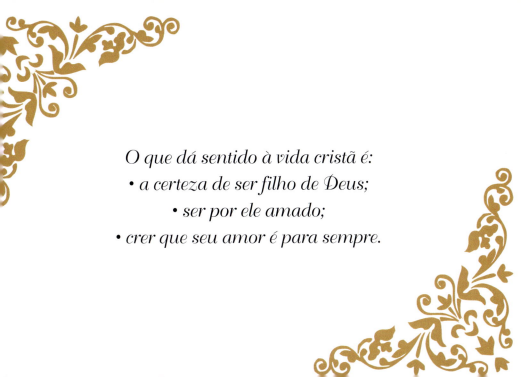

O que dá sentido à vida cristã é:
• a certeza de ser filho de Deus;
• ser por ele amado;
• crer que seu amor é para sempre.

*Jesus é seu amigo.
Ele conta com você para que haja
paz nas famílias,
compreensão entre todos,
empenho nos estudos e no trabalho,
colaboração em sua comunidade.*

*Leia todos os dias a Palavra de Deus.
É na Bíblia Sagrada que se aprende a:
amar como Jesus amou,
falar como Jesus falou,
viver como Jesus viveu.*

*Em tudo que fizer,
siga os conselhos de Jesus,
que disse reconhecer a árvore pelo seu fruto.
Assim, "quem é bom tira coisas boas
do tesouro do seu coração, que é bom.
Pois a boca fala daquilo
de que o coração está cheio"
(cf. Lc 6,44-45).*

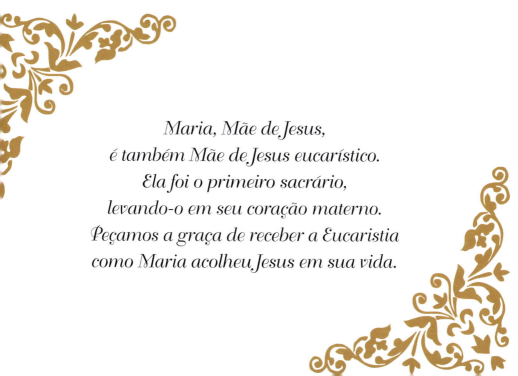

*Maria, Mãe de Jesus,
é também Mãe de Jesus eucarístico.
Ela foi o primeiro sacrário,
levando-o em seu coração materno.
Peçamos a graça de receber a Eucaristia
como Maria acolheu Jesus em sua vida.*

Direção-geral: *Bernadete Boff*
Editora responsável: *Andréia Schweitzer*
Copidesque: *Mônica Elaine G. S. da Costa*
Coordenação de revisão: *Marina Mendonça*
Revisão: *Sandra Sinzato*
Gerente de produção: *Felício Calegaro Neto*
Produção de arte: *Telma Custódio*
Foto da capa: *© bröc - Fotolia.com*

1ª edição – 2013 / 7ª reimpressão – 2023

Nenhuma parte desta obra poderá ser reproduzida ou transmitida por qualquer forma e/ou quaisquer meios (eletrônico ou mecânico, incluindo fotocópia e gravação) ou arquivada em qualquer sistema ou banco de dados sem permissão escrita da Editora. Direitos reservados.

Cadastre-se e receba nossas informações
www.paulinas.com.br
Telemarketing e SAC: 0800-7010081

Paulinas
Rua Dona Inácia Uchoa, 62
04110-020 – São Paulo – SP (Brasil)
📞 (11) 2125-3500
✉ editora@paulinas.com.br
© Pia Sociedade Filhas de São Paulo – São Paulo, 2013